AF226812

L'ASSEMBLÉE DU 8 FÉVRIER

ET LA

LOI ÉLECTORALE

PAR

LOUIS GUIBERT

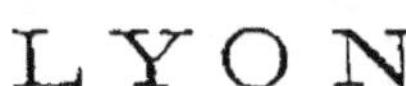

LYON

P.-N. JOSSERAND, LIBRAIRE-ÉDITEUR

3, Place Bellecour, 3

—

FÉVRIER 1871

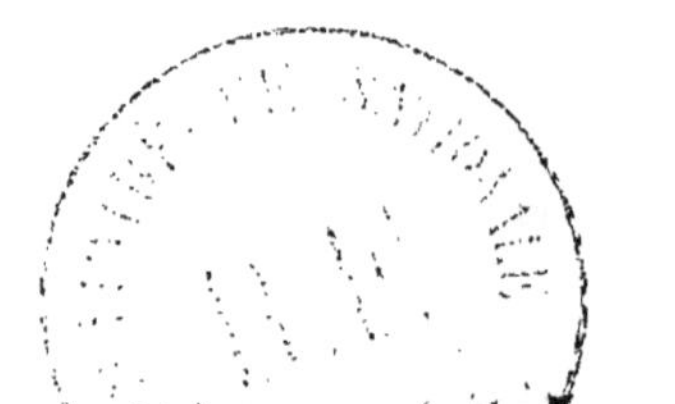

DÉPOT LÉGAL
Rhône
N° 133
1871

DU MÊME AUTEUR

Quelques mots sur la surveillance légale à propos de l'abrogation du décret de sûreté générale du 8-12 décembre 1851. Paris, F. Henry, mars 1870. . . . . **1 fr.**

Les Employés de Préfecture. Paris, F. Henry, 1870. . . **1 fr. 50**

Pour paraître prochainement

De la Grève, du Travail et du Capital, Conférence faite à une Société ouvrière de Lyon, le 30 mars 1870.

L'ASSEMBLÉE DU 8 FÉVRIER

ET LA

LOI ÉLECTORALE

I

Le 4 septembre, l'Empire venait d'abdiquer. La France, qui pardonna Waterloo, où elle ne perdit que du sang, avait rougi de honte en apprenant l'ignominieuse issue d'une campagne dont l'entreprise fut une grande folie ou un grand crime. Deux mois avaient suffi pour ternir à jamais l'éclat, presque surhumain, du nom de Bonaparte. La dynastie napoléonienne était tombée dans le mépris. Nul ne songeait à la relever. Tout le monde s'éloignait d'elle ; ses amis même n'osaient la regretter, et nous courbions tous la tête en pensant que l'homme de Sedan avait présidé vingt ans aux destinées de notre pays.

Le Gouvernement provisoire, qu'acclama la population parisienne à l'Hôtel-de-Ville, avait un programme tout tracé : pourvoir aux mesures urgentes réclamées par la Défense nationale et convoquer immédiatement la France pour l'élection d'une assemblée. Telle fut d'abord la pensée des chefs de l'opposition, devenus en une heure les chefs du Gouvernement. Un scrutin fut annoncé ; mais le décret qui fixait à une date prochaine la réunion des comices ne reçut pas son exécution. On allégua que, les provinces de l'Est se trouvant aux mains de l'ennemi, tous les départements ne seraient pas représentés ; on prétendit également qu'en un si grand péril de la patrie, l'union nécessaire au salut de la France pourrait être compromise par les défiances et les récriminations des partis; que les orageux débats d'une assemblée détourneraient les esprits des préoccupations, peut-être des devoirs sacrés de la défense. Il fallait des actes virils, et les assemblées se complaisent aux discours. On crut qu'une dictature seule pouvait sauver la France. L'opinion publique parut accepter cette conséquence de nos désastres, et les hommes que venait de porter au pouvoir le peuple de Paris n'hésitèrent pas un instant devant une tâche aussi redoutable.

L'illusion dura peu. Dès le mois d'octobre, le général Trochu et ses collègues dûrent regretter de n'avoir pas donné suite à leur première détermination. L'investissement de Paris rendit nécessaire l'envoi dans une ville de province, d'une délégation qui, par la force des choses, allait devenir le véritable Gouvernement. Par une incompréhensible aberration, au lieu de confier cet écrasant mandat à un homme actif et sage, on expédia à Tours M. Crémieux et M. Glais-Bizoin, que la nature n'avait point faits pour un tel rôle. Leur insuffisance trop évidente fit bientôt sentir la nécessité d'infuser un peu de jeune sang dans les veines de ce caduc duumvirat. M. Gambetta fut envoyé de Paris : — M. Gambetta, esprit actif, parole véhémente, talent inopinément révélé, nom nouveau, personnalité brillante et obscure à la fois, dont les journaux avaient retenti, mais dont on ne connaissait pas un seul acte et qui était trop récemment né à la vie politique pour posséder, avec l'expérience des affaires, l'autorité indispensable à la dictature qu'il était appelé à exercer.

Cependant, un revirement se produisait dans la presse et dans l'opinion : le désastre d'Orléans acheva d'ouvrir les yeux aux gens sensés. On reconnut tous les périls de cette parole ardente, dont les accents remuaient profondément, mais qui, presque toujours, dépassait le but; on constata un déplorable gaspillage d'argent, conséquence naturelle du relâchement de certaines règles que nos administrateurs improvisés avaient considérées comme des vieilleries gênantes et dont ils comprenaient enfin, mais trop tard, l'utilité. Cette prétention, de tout connaître d'intuition et de tout guider, de faire prévaloir une idée mal digérée, qu'on prenait pour une inspiration de génie, sur les plans mûrement étudiés et préparés à loisir par des hommes compétents, cette complaisance avec laquelle on se laissait couronner et acclamer à l'avance, ce parti-pris de rapporter à soi l'honneur de toutes les combinaisons qui aboutissaient à un succès et de rejeter sur l'incapacité, la trahison ou le mauvais vouloir des généraux l'issue des entreprises malheureuses, tout cela donnait à réfléchir. L'idole laissait voir ses pieds d'argile. Ses audaces épouvantaient les uns, blessaient les autres. Il semblait, du reste, que le Dictateur ne se rendît pas toujours un compte exact de la portée de ses décrets. Les instructions se croisaient, se suivaient, se contredisaient, s'annulaient. C'était un chaos étrange : bien heureux qui s'y retrouvait; bien avisé qui ne se pressait pas trop d'obéir à un premier ordre. Le despotisme le plus absolu ne nous eût pas fait subir plus de caprices. — Les nécessités de la défense nationale ne suffisaient pas toujours à colorer les décisions de ce gouvernement de soubresaut et d'aventure. De hauts grades, de délicates fonctions étaient confiés à des hommes notoirement indignes. Pas une mesure illégale, pas un acte arbitraire, pas une vexation qui ne se commît au nom du salut public. C'était au nom de la Défense que le préfet Engelhard frappait d'interdit une industrie privée ; c'était au nom de la Défense que son collègue de l'Ariége remplaçait, de son chef, son Conseil général par quelques amis à lui, afin de simplifier l'administration; c'était au nom de la Défense que M. Duportal se livrait sur une tombe à la prédication de la palingénésie; c'était au nom de la Défense que des étrangers au service de la France, sur le sol français, pouvaient impunément violer le domicile des citoyens et troubler le repos de pauvres filles qu'à défaut de la loi, complaisante et muette, leur faiblesse eût dû protéger; c'était au nom de la Défense qu'un tribunal improvisé condamnait à mort un intrépide officier coupable d'avoir montré plus de bravoure et de sang-froid que ses juges. C'était au nom de la Défense aussi, qu'un magistrat tolérait que le drapeau rouge insultât cinq mois durant le drapeau tricolore; c'était au nom de la Défense que les Conseils municipaux étaient dissous, que les mandats donnés par les cantons à leurs Conseillers généraux étaient révoqués; qu'on faisait soigneusement disparaître, ainsi que des emblèmes prohibés, toute fonction émanant du vote, tout vestige du suffrage universel.

Cependant, que disait de tout cela le pays? Il se taisait. Non pas qu'il demeurât insensible à tant d'outrages; mais l'ennemi était là. Pour ceux qui mettaient le salut de la France au-dessus de l'établissement de la République, l'obéissance au Gouvernement et la résignation étaient un devoir sacré. On prenait, à Tours ou à Bordeaux, cette longanimité pour le signe d'une adhésion à la forme politique qu'on voulait inculquer à la nation et on écrivait à Paris ces choses énormes que tout le monde a lues avec stupeur. Ah! Messieurs les Délégués, dans quelle erreur singulière vous tombiez! La France avait à choisir entre la mort et vous. Ne vous glorifiez pas d'une obéissance que vous n'avez due qu'à la présence de l'étranger sur notre sol et au patriotisme de vos adversaires.

II

L'élection d'une Assemblée nationale devenait l'objectif de tous les esprits qui ne se laissaient ni dominer par des préoccupations anti-patriotiques, ni aveugler par l'intérêt d'un parti. Sous quelque point de vue qu'on envisageât la situation, quelque jugement qu'on portât sur les hommes au pouvoir, quelque issue qu'on prévît aux événements, on ne pouvait s'empêcher de reconnaître que dans le gouvernement une grande place restait vide. Cette place était celle de la Représentation nationale. Il est des responsabilités qu'il serait plus que téméraire d'assumer : qui peut, dans une heure suprême comme celle qui a sonné pour le pays, avoir la prétention de substituer sa voix à celle de la France tout entière ?

Le rôle de la Représentation nationale était marqué à l'avance et seule était en mesure de remplir une assemblée émanant, par un libre vote, des départements auxquels on avait demandé tous les sacrifices et dont on avait foulé aux pieds tous les droits. Si nous sortions victorieux de la lutte que nous soutenions depuis la chute de l'Empire, une assemblée pouvait seule arrêter nos soldats prêts à franchir la frontière ou les lancer sur le territoire ennemi pour y exercer de trop justes représailles. Le succès ne couronnant pas nos efforts et les défaites achevant l'œuvre commencée par les trahisons, seule elle aurait qualité pour traiter et faire entendre dans les conseils de l'Europe la protestation de la France. A elle, à elle seule le droit de faire la paix ; à elle seule le droit de poursuivre la guerre, le pouvoir de soulever l'élan national indispensable à la continuation de la lutte, de provoquer le grand effort nécessaire pour repousser l'invasion.

Qu'on le remarque bien : ce n'est pas d'une assemblée constituante que nous entendons parler. Un gouvernement ne s'improvise pas sous le feu de l'ennemi. Les circonstances présentes sont assez graves pour que tout le monde s'interdise de rien voir au-delà. Mais enfin, le pays doit savoir qui le dirige et trop longtemps il a été sevré de toute participation aux affaires. Le Gouvernement par là s'est privé d'une grande force. L'isolement est fécond en mauvais conseils ; le pouvoir de l'Hôtel-de-Ville n'a pas su s'en garder et, au jour de la crise décisive, il a été pris de vertige, comme l'Empire sur les ruines duquel il avait planté sa tente. Il a vu qu'il ne pouvait plus sauver la France ; il l'a vu clairement, et cependant il a hésité quatre mois à appeler cette assemblée entre les mains de laquelle il devait remettre la direction des affaires. Il a fallu, pour le décider à la convoquer, le comble mis à nos maux et à notre humiliation ; il a fallu une série de tentatives mal combinées, d'opérations avortées, de désastres sans exemple dans l'histoire ; il a fallu l'occupation d'un tiers de la France par l'ennemi, toutes nos forces dispersées, des corps entiers évanouis, 350,000 hommes faits prisonniers, l'armée du Nord refoulée, l'armée du Centre mise en déroute, l'armée de l'Est rejetée en Suisse, toutes nos places tombées, tous nos arsenaux aux mains de l'ennemi, Lyon menacé, la Loire franchie, Paris rendu et le drapeau prussien flottant sur tous les forts qui protégeaient la capitale.

Une assemblée a été enfin convoquée. Dans quelles circonstances ? On le sait. On a dit à la France saignante de mille blessures, frissonnante sous les affronts, éperdue, affolée de désespoir, de terreur, de rage impuissante, on a dit à cette nation naguère encore si fière et si riche, aujourd'hui si misérable et si humiliée, de se recueillir, de chercher, de trouver, d'élire les mandataires qui ont a décider de ses destinées. Quel vote libre et réfléchi dans un tel délai et sous l'épée prussienne ! Et encore ce triste scrutin, on a essayé de le mutiler ! Le système des candidatures officielles s'est reproduit sous une forme moins immorale peut-être que sous l'Empire ; mais plus despotique, plus odieuse, plus insultante pour le corps électoral. Au lieu de la recommandation, du patronage qui était au moins une sorte d'hommage à la souveraineté du suffrage universel et une reconnaissance implicite de ses droits, on a voulu procéder par élimination : M. Gambetta laissait à la France le choix entre ses ingénieurs, ses secrétaires, ses préfets et ses sous-préfets.

Ce malencontreux décret a été rapporté, mais quarante-huit heures seulement avant le scrutin : la dictature de Bordeaux avait espéré par là repousser de l'assemblée des hommes qui avaient servi, la plupart avec honneur et loyauté, le régime déchu et qui avaient sincèrement accepté la révolution du 4 septembre ; elle a réussi à faire élire dans presque toute la France des candidats généralement hostiles à la République.

On n'a pas voulu d'hommes dans la force de l'âge, habitués au maniement des affaires, au courant des questions pendantes, des besoins et des exigences du moment, aussi bons patriotes que leurs adversaires politiques et auxquels leur haute honorabilité eût dû épargner les injures de Mᶜ Laurier ; l'Assemblée comptera un plus grand nombre de personnages d'un autre temps, et bon gré, malgré, elle sera emportée plus d'une fois par un courant d'idées rétrogrades. Malgré la retraite de M. Gambetta, son dernier acte a produit tout l'effet qu'on en devait attendre. Au lieu des élections du patriotisme, on a eu les élections de la protestation et de la défiance : Il n'y a pas de Napoléoniens dans la Chambre, mais nos représentants sont tous Orléanistes.

III

A cette Assemblée, convoquée sous de si tristes auspices, les événements ont tracé son rôle et dicté d'avance un programme dont elle ne saurait se départir sans méconnaître sa mission.

Nous l'avons dit, et nos députés l'ont certainement compris : le mandat que nous venons de leur donner est tout de circonstance. Il n'implique ni le pouvoir de détruire le régime pseudo-républicain sous lequel nous vivons depuis

cinq mois, ni celui de donner à la France une forme définitive de gouvernement. Nous les avons nommés pour faire
face aux événements présents, pour recevoir les conditions de paix qui nous sont proposées par M. de Bismark,
pour les examiner, les peser dans leur patriotisme et
leur bon sens, pour accepter la paix ou décider la continuation de la lutte, pour accorder enfin, si cela est possible, les concessions indispensables à la conclusion d'un
traité ou, si l'honneur les rejette absolument, pour demander au pays son dernier écu, son dernier homme, et
tenter la chance désespérée d'un suprême effort.

Le choix des chefs des divers départements ministé-
riels sera une des grandes affaires du moment. M. Thiers
est l'homme de la situation; mais ni M. Jules Favre, ni
M. Jules Simon ne peuvent rester aux affaires. La place de
ceux des membres du Gouvernement provisoire dont la
carrière politique n'est pas irrévocablement terminée, est
sur les bancs de la Chambre où les ont envoyés leurs compatriotes; mais, comme hommes d'action, ils sont usés pour
longtemps. Nous avons besoin, à la tête du pays, de gens
pratiques, fermes, laborieux et sensés, de gens éprou-
vés surtout. Pas de génie improvisé. Pour laisser assumer
à un citoyen l'immense responsabilité du salut ou de la
perte de la patrie, il importe de l'avoir vu d'abord à l'œuvre sur une moindre scène et de savoir ce qu'il vaut.

Quand l'Assemblée sortie du scrutin du 8 février aura,
par une paix honorable ou un coup de désespoir, délivré
le pays de l'étranger, quand elle aura pourvu à l'administration et à la police du pays, pris les mesures nécessaires
pour porter remède aux misères les plus pressantes et mis
à la tête des affaires des hommes dont le nom seul soit
une garantie contre tout coup d'Etat, il lui restera un dernier acte à accomplir pour avoir bien mérité de la patrie :
faire une bonne loi électorale et convoquer le peuple pour
la nomination d'une Constituante.

IV

Ce n'est pas chose facile que la confection d'une loi qui règle l'exercice du premier des droits politiques, tout en garantissant la plus entière liberté au scrutin. L'œuvre a été souvent tentée ; mais elle soulève tant de questions, tant de difficultés, tant de controverses, que sans cesse on découvre à la législation en vigueur de nouvelles lacunes et de nouvelles obscurités.

L'ennemi parti, l'heure serait favorable à cette grave entreprise. Malgré de tristes défaillances, le patriotisme s'est réveillé ; il s'est retrempé dans notre sang et dans nos larmes, il s'est fortifié dans la douleur. C'est le meilleur guide pour une assemblée. Il parlera et on écoutera sa voix. Les passions politiques ne sont pas assez vives aujourd'hui pour étouffer les inspirations de l'équité et du bon sens. Nous avons tous soif de justice et nous sentons au dedans de nous un immense besoin de liberté. Il n'y a dans ce moment, en France, ni vainqueurs ni vaincus. Encore une fois, l'instant est propice pour l'élaboration d'une loi électorale ; il ne faut pas que l'Assemblée le laisse échapper.

Une foule de questions déjà débattues vont reparaître et solliciter de nouveau un examen approfondi : celle de l'électorat, la première. Convient-il, tout en maintenant pour base à la constitution politique de la France, les décrets du suffrage universel, de réclamer des électeurs certaines conditions de capacité, d'instruction ? Ne peut-on pas demander au moins qu'ils sachent lire, qu'ils possèdent le moyen de contrôler les actes de leurs mandataires, de suivre la marche générale du Gouvernement ? Ne faudrait-il pas exiger d'eux qu'ils fussent en mesure d'écrire eux-mêmes leurs bulletins de vote? N'y a-t-il pas lieu d'exclure de l'exercice du droit électoral le citoyen qui, se trouvant dans les limites d'âge réglementaire, se soustrait au service de la garde nationale? D'un autre côté, le cens, la contribution aux charges publiques n'est-elle point un sérieux titre à la gestion des deniers et à la direction des affaires de l'État? Questions capitales, qui ont été toujours discutées au point de vue des intérêts d'un parti, de l'avénement d'une forme politique, et que nous voudrions voir traiter d'un esprit détaché, avec la seule passion du juste, de l'utile, du bien public. Elèvera-t-on ce débat à sa véritable et sereine hauteur, ou verrons-nous recommencer à ce propos de mesquines luttes?

Pour nous, en dehors des décrets d'une volonté suprême, dont l'intervention ne laisse à l'homme que des devoirs, il n'y a qu'un système, qu'une formule : le suffrage universel dans sa plus large expression, le consentement unanime, la voix du peuple tout entier. Ou cela, ou le droit divin, il n'est pas d'autre alternative. L'intelligence humaine s'est affranchie ; n'acceptera-t-elle pas toutes les conséquences de son émancipation?

Après ces débats, qui demanderont l'autorité et la haute éloquence des plus illustres membres de la représentation nationale, d'autres questions d'une importance moindre viendront se poser : celle des incompatibilités, par exemple. Ne conviendrait-il pas de réduire autant que possible le nombre des personnes auxquelles il est interdit de se présenter aux suffrages de leurs compatriotes. Les magistrats d'appel, de première instance et de conciliation dans leur ressort, les préfets et sous-préfets dans leur circonscription administrative, les gouverneurs et directeurs de l'Intérieur dans leur colonie, les adjudicataires de fournitures au compte de l'État, les administrateurs et directeurs de chemins de fer, ceux des grands établissements de crédit public, les ministres, ne composeraient-ils pas une assez longue nomenclature? L'intérêt général, la liberté des électeurs et la dignité du scrutin ne seraient-ils pas sauvegardés par là d'une façon suffisante?

Et les impraticables dispositions de la loi de 1849 sur le vote des militaires au corps, disposition grâce auxquelles jamais le résultat d'une élection n'est complétement connu, ne serait-il pas urgent de les modifier, avec une notion plus exacte des difficultés matérielles de l'opération.

Rien n'a autant contribué à discréditer certaines élections que les soupçons nés de la possibilité d'une violation du scrutin pendant la nuit qui sépare les deux jours du vote. Le plus souvent, assurément, l'accusation portait à faux. Mais, plusieurs fois au moins, le doute était permis; dans de rares circonstances, la fraude a été patente. Pourquoi ne pas faire disparaître tout péril et ne pas ôter prétexte à toute défiance, en réduisant à un seul jour la durée du scrutin?

Un délai de vingt jours doit, d'après la législation en vigueur, séparer la date de la convocation des colléges de celle de leur réunion. Cet intervalle est-il suffisant? ne conviendrait-il pas d'obliger le Gouvernement, par une disposition formelle de la loi, à laisser plus de temps aux électeurs pour examiner une question aussi grave que celle du choix de ses représentants?

Que de détails à élucider dans les dispositions qui ont trait à l'établissement des listes électorales! Pourquoi, par exemple, laisser à l'autorité municipale l'initiative de l'inscription d'un électeur? Ne serait-il pas préférable d'obliger tout citoyen à se présenter en personne pour requérir son inscription? Le système des listes annuelles, qui demeurent immuables pendant neuf mois de l'année, n'est-il pas vicieux? La publication des tableaux de rectification avant chaque scrutin, si elle a un intérêt au point de vue du résultat de l'élection, n'est-elle pas, actuellement, par rapport aux électeurs, une vaine formalité ? La liste ne devrait-elle pas être mise à jour, dans les communes, un certain temps avant chaque scrutin? Les citoyens enfin ne devraient-ils pas posséder de plus efficaces garanties contre la mauvaise volonté ou la négligence d'un maire, qui peut, en omettant leur nom sur la liste, même alors que la Commission municipale a ordonné leur inscription, les priver, s'ils ne vérifient pas cette inscription, de l'exercice de leurs droits?

Enfin, si la loi nouvelle maintenait la faculté accordée par le décret du 31 janvier 1871 aux électeurs absents de leur domicile, de voter dans les départements où ils se trouvent le jour du scrutin, pour les candidats de leurs départements respectifs, ne paraîtrait-il pas indispensable, pour assurer le secret de ces votes, que les bulletins des citoyens de cette catégorie fussent remis par eux sous enveloppe au président du bureau?

Combien d'autres dispositions des lois en vigueur auraient besoin d'être révisées, discutées, approfondies, expliquées, modifiées! Nous avons cité quelques points : quelle nomenclature de *desiderata* nous eût-il été possible de dresser, si nous n'avions hâte d'aborder une question d'une gravité autrement considérable et sur laquelle une expérience toute récente nous fait un devoir d'insister.

V

Sous le régime de l'électorat censitaire, il était tout naturel qu'un centre un peu important fût assigné comme lieu de réunion aux électeurs. Le nombre des favorisés que la loi appelait à donner leur avis sur les affaires publiques était restreint. Les colléges se composaient de gens qu'un voyage de quelques lieues, une absence d'un ou deux jours et un peu de dépense ne devaient pas arrêter. Le législateur, à cette époque, n'avait pas à s'embarrasser de semblables considérations. Tout est changé maintenant : la loi reconnaît aux pauvres comme aux riches, aux métiers comme aux professions libérales, le droit de prendre part aux graves délibérations du corps électoral. Un arrondissement qui comptait 500 électeurs en possède aujourd'hui 25,000, et il est de toute évidence que l'avènement des nouveaux principes, ayant eu pour effet immédiat de développer dans une aussi large proportion la vie politique, devait amener une refonte dans la législation sur la matière.

Après le décret du 8 mars 1848, qui avait restitué le suffrage universel comme principe à nos institutions politiques, après la loi du 15-18 mars 1849, qui en avait consacré la restauration et réglé l'exercice, un pas restait encore à faire pour que le suffrage universel pût se manifester dans sa pleine intégrité. Les décrets dictatoriaux du 2 février 1852 osèrent le franchir et l'article 3 du décret organique fixa au chef-lieu de la commune la réunion du collége électoral.

Le scrutin se rapprochait de l'électeur : c'était le corollaire inévitable de la proclamation du suffrage universel, et il y a lieu de s'étonner que du principe on n'ait pas déduit plus tôt cette conséquence. Aujourd'hui on veut replacer au chef-lieu de canton la réunion du collége ; ce serait une modification profonde apportée à nos usages et à la législation en vigueur depuis dix-huit années. Examinons sur quoi se fondent pour réclamer ce retour à un système déjà condamné, les partisans de cette regrettable mesure.

La disposition qui faisait de chaque commune le siége d'une assemblée électorale et autorisait au besoin l'établissement de sections dans les villages très-distants d'une même commune, offrait assurément des inconvénients de plus d'une espèce. Nous avons été à même de les observer de trop près pour n'être pas le premier à les reconnaître ; mais les inconvénients, exagérés sous un régime dont la catastrophe de Sedan a pu seule nous révéler la profonde démoralisation, et exploités par le zèle intéressé de certains agents, ne peuvent, si graves qu'ils paraissent, être mis en balance avec les avantages d'un système rationnel, libéral, équitable, vraiment démocratique, s'inspirant à la fois des principes administratifs et des intérêts des populations.

Le développement le plus large de l'instruction primaire est un des principaux objets de la sollicitude de notre époque. Nous voulons que l'enseignement élémentaire soit à la portée de tous, que les populations de la ville et de la campagne soient amenées à se convaincre de plus en plus de ses avantages ; qu'elles comprennent bien ceci : la lecture, l'écriture, le calcul, les notions de morale et d'hygiène données par l'instituteur ont une valeur dans la vie pratique, améliorent les conditions de l'existence matérielle, facilitent les affaires, étendent le cercle ouvert à l'activité de l'individu, sont, en quelque sorte, des instruments de travail perfectionnés, des outils qui assurent à leur possesseur une supériorité évidente sur les concurrents qui n'en sont pas munis. Pour persuader de tout cela les paysans et les ouvriers, pour leur faire apprécier les bienfaits de l'instruction et les engager à en assurer les avantages à leurs enfants, pour leur apprendre, en un mot, le chemin de l'école, comment nous y prenons-nous ? Certes nous risquerions de prêcher dans le désert si nous nous contentions de leur dédier de gros livres, de leur adresser des homélies dans nos journaux et de terrasser à huis-clos l'ignorance dans nos parlottes. L'école seule la combattra et pourra la vaincre. Aussi ne nous bornons-nous pas à établir des écoles aux chefs-lieux de cantons ; nous les multiplions ; nous en créons partout, dans les villes, dans les bourgs, dans les hameaux, et nous les faisons gratuites pour que chacun puisse en profiter sans dérangement ni dépense. Nous décentralisons l'enseignement. Par quel principe contraire, alors qu'il s'agit d'un droit, du premier droit du citoyen, chercherait-on à en entourer l'exercice d'obstacles, à éloigner de l'électeur le lieu de l'assemblée électorale, de façon à rendre l'exercice de ce droit illusoire et à peu près impraticable à une grande partie de la nation.

L'habitant de la campagne a une certaine méfiance du scrutin, et ce n'est pas sans raison ; il y a été si souvent pris ! C'est avoir beaucoup obtenu de lui que de l'avoir amené au chef-lieu de la commune pour y déposer son bulletin. Dieu sait avec quelle peine on est arrivé, *per fas et nefas*, à lui faire prendre l'habitude de voter. Il commence à comprendre qu'il y a intérêt pour lui à ne pas s'abstenir. C'est déjà un grand point. On devrait à présent le confirmer dans ces bonnes dispositions en lui proposant tous les motifs qui le sollicitent d'exercer ce droit, d'accomplir ce devoir. On devrait renchérir, s'il était possible, sur les facilités accordées par la loi impériale, supprimer quelques formalités, en simplifier d'autres.

La première condition à rechercher pour que le suffrage universel ne soit pas un vain mot, c'est, semble-t-il, que le plus grand nombre possible de citoyens y prennent part. La loi doit donc faciliter le vote. Pour atteindre ce but, il n'y a pas de moyen plus efficace que de rapprocher des citoyens le siége de l'assemblée électorale. Telle n'a pas été la pensée du Gouvernement du 4 septembre, et ici, nous parlons à la fois du Gouvernement de Paris et de sa délégation, car à trois reprises, dans l'espace de cinq mois, les citoyens ont été convoqués pour l'élection d'une assemblée, et à trois reprises il a été décidé que le collége se tiendrait au chef-lieu de canton.

Le paysan devenait peu à peu électeur. Le chemin de

la Mairie lui était familier. Au lieu de l'encourager, vous enlevez tout-à-coup le scrutin de son village et vous le transportez loin de lui, au chef-lieu de canton. — Au bourg, où cet homme va une ou plusieurs fois par semaine, dont il aperçoit le clocher de sa porte, de son champ, vous lui substituez la ville où il se rend rarement et où ne l'appellent guère que les foires, les audiences de la justice de paix, les opérations du recrutement et le paiement des impôts.

Ces citoyens, dont vous accusez la tiédeur à remplir leur devoir électoral, vous les obligerez donc à acheter plus chèrement la satisfaction de l'avoir accompli. Il faudrait qu'on ouvrît devant eux la porte toute grande, et vous la fermez; que le scrutin vînt pour ainsi dire au-devant d'eux, et vous allongez le chemin. C'est de cette catégorie d'électeurs, la moins pénétrée de l'utilité du contrôle démocratique, la plus insouciante de ses droits, que vous exigerez les plus grands efforts. Vous les astreindrez à de longs déplacements, à des voyages relativement coûteux. Ils devront perdre leur journée toute entière, quelquefois en perdre deux, subir une fatigue considérable, s'exposer pendant un long trajet aux intempéries des saisons. C'est à des indifférents que vous demandez de tels sacrifices ! et pendant que ces pauvres gens achèteront à ce prix l'exercice d'un droit dont ils se montrent si peu jaloux, les habitants des villes, mieux instruits de l'importance du vote, et prêts à s'imposer les plus sérieux sacrifices pour revendiquer leur part dans la conduite des affaires, pourront voter sans dérangement ni fatigue. Il ne leur en coûtera ni temps ni peine. Ce sera l'affaire d'une heure, de quelques minutes seulement. Une inégalité flagrante, énorme, monstrueuse, se trouve ainsi créée entre les citoyens des villes et les citoyens des campagnes, inégalité qui éclate aux yeux de tous les hommes de bonne foi et que stigmatisait avec éloquence M. de Montalembert, dans la séance de l'assemblée nationale du 17 février 1849.

Nous parlons de voyage, de dépenses, de fatigues : ce ne sont pas des mots. La distance qui sépare une commune du chef-lieu de son canton est parfois considérable. Souvent elle atteint 18 à 20 kilomètres ; il n'est pas rare qu'elle les dépasse : nous avons sous la main quelques annuaires pris au hasard. Dans celui de l'Indre, nous trouvons une commune éloignée de 23 kilomètres de son chef-lieu de canton ; une autre, de 24. Dans les Pyrénées-Orientales, nous comptons, sur 231 communes, deux distances de 21 kilomètres, trois de 22, deux de 26 (Mautet, canton d'Olette, et Porta, de Sallagouse ; une de 29 (Porte, canton de Sallagouse). Et, qu'on le remarque bien, la distance est calculée à partir du chef-lieu de la commune, en sorte que, pour les écarts, il faut parfois compter 5, 6, 7 kilomètres de plus, c'est-à-dire 25, 30, 32, 36. Aller et retour, le double : 50, 60, 64, 72 ! ! Et nous ne parlons pas des difficultés de toute sorte qui, dans certaines contrées, peuvent rendre le voyage plus que pénible, périlleux, souvent impossible : le mauvais état des chemins, par exemple, ou les neiges dans la montagne.

C'est, il faut le confesser, une énergie vraiment héroïque que vous attendez de ces pauvres gens. Ils sont tout nouvellement nés à la vie politique ; on leur a menti ; on a abusé de leur crédulité, de leur confiance, de leur ignorance de toutes choses, de leur attachement à la propriété, de leurs terreurs irraisonnées. Vous voulez réformer tout cela et rendre au scrutin sa dignité en même temps que sa liberté. Vous avez raison. Mais, pour convertir à vos idées ces paresseux esprits, commencerez-vous par les soumettre à une aussi rude épreuve ? Ne craignez-vous pas que ces courages incertains ne faiblissent. Demandez-vous si vous-mêmes, plus éclairés, plus convaincus, plus zélés, n'hésiteriez pas devant une aussi chère conquête. Comprenez bien ce que vous exigez de ces hommes : supposez l'élection survenant à une époque de grand travail, au moment de la moisson ou de la vendange, par exemple. C'est beaucoup, alors, qu'une ou deux journées perdues pour aller au scrutin. Un seul ne pourra pas ici représenter la famille et parler au nom de chacun des membres. Il faudra que tous se rendent au chef-lieu de canton, laissant les femmes, les enfants seuls, les hameaux sans protection, les maisons isolées sans défenseur, les champs sans surveillance, les moissons sans garde. Si l'on découche, ce sont des frais, et l'argent est rare à la campagne où on l'estime au prix de ce qu'il coûte à gagner. Ne craignez-vous pas qu'entre sa récolte et la jouissance d'un avantage qu'il n'apprécie pas complétement, cet homme ne balance, et que le champ ne l'emporte souvent sur la République, les préoccupations privées sur le souci des affaires de l'Etat? Aurez-vous cependant le droit de vous en étonner et de faire à cet homme un crime de son indifférence? Non, vous lui aurez, au contraire, donné un sujet de plainte. C'est lui qui pourra vous accuser d'avoir mis obstacle à l'exercice de sa part de souveraineté, de l'avoir rejeté hors de la vie politique. Si bien que voici le résultat de votre belle mesure : vous aurez fourni un prétexte et une excuse à l'abstention.

VI

L'abstention! Mais c'est notre mal; c'est la grande ennemie de la liberté et le plus sérieux obstacle à l'établissement de mœurs politiques garantissant à la fois tous les droits et tous les intérêts. Législateurs, c'est à cette plaie qu'il faut trouver un remède. L'abstention a été un des plus utiles auxiliaires de l'Empire et la décadence de ce régime, vingt ans tranquille héritier de la République oubliée, date du jour où quelques hommes, relevant la tête, l'ont combattu. L'abstention ! c'est l'annihilation du citoyen, c'est l'abdication de ses droits, le suicide politique, la négation du principe démocratique qui, pour subsister, a besoin d'être affirmé sans cesse. L'abnégation est une vertu dans l'ordre moral ; transportée dans l'ordre politique, elle devient une faute. Elle est l'excuse, la justification et trop souvent la complice de l'établissement du despotisme.

Jamais un système qui aura pour résultat de fournir à l'abstention une excuse, ne sera pour nous équitable ni d'une saine politique ? Le scrutin ne saurait être placé trop à la portée des populations. La loi doit s'appliquer à faciliter autant qu'il est possible au citoyen l'exercice de ses droits, et le représentant du peuple Dufournel trouvait avec raison qu'une distance de 12 kilomètres entre l'habitation de l'électeur et le lieu de l'assemblée était excessive : « Trois lieues pour l'aller, trois lieues pour le retour, c'est trop pour des vieillards, pour des infirmes, pour des hommes occupés. »

En Angleterre, une limite est fixée qui ne peut être dépassée. Aucun point de la circonscription du *poll* ne doit être éloignée du scrutin de plus de 17 kilomètres. Encore ce maximum n'est-il que rarement atteint. — Nous avons dit quels trajets énormes un électeur pourrait, sous l'empire de la législation nouvelle, être obligé de parcourir pour se rendre à son collége. On nous objectera peut-être que les divers décrets rendus depuis la chute du régime impérial ont, continuant les traditions de ce régime, laissé aux préfets le droit de diviser le canton en plusieurs sections pour faciliter le vote. Mais, loin de considérer cette disposition comme bonne, qui n'y voit un sérieux danger ? Eh quoi, l'arbitraire d'un fonctionnaire, agent politique sous tous les gouvernements, et demeuré, quoi qu'on veuille nous faire accroire, plus que jamais un agent politique, va se substituer à la prévoyance équitable de la loi ? L'exercice du suffrage universel sera subordonné au bon plaisir d'un magistrat révocable, qui a des instructions confidentielles, des candidats à combattre, des candidats à appuyer et de l'avancement ou une disgrâce en perspective comme sanction de tout cela? Seraient-ce là les éléments de moralisation, les garanties de sincérité et de liberté que vous vous proposez d'introduire dans votre code nouveau? Verrons-nous toujours la loi laisser la porte entr'ouverte aux influences politiques contre lesquelles elle a mission de protéger le suffrage universel? Tout doit être de droit en pareille matière; il ne faut pas que le citoyen ait rien à réclamer de la faveur ou même de la simple bienveillance. S'il est vrai, comme l'a dit M. de Sèze, et comme nous le croyons, que « le principe de la détermination du lieu où s'exerce le suffrage, soit aussi fondamental que le principe même du suffrage universel, » n'est-ce pas une monstruosité de confier cette détermination à un fonctionnaire responsable, dans une certain mesure, du résultat du scrutin, à un agent du ministère, à un candidat, peut-être? Quelles arrière-pensées, quels caprices, quelles combinaisons, quelles préférences inspireront sa décision? La loi du 15-18 mars 1849 se montrait plus respectueuse des droits des citoyens. Les conseils cantonaux devaient être, en premier ressort, consultés sur la création des sections électorales; le Conseil général en délibérait ensuite, et le préfet devait se conformer à l'avis de cette assemblée.

Ni le décret du 5 mars 1848, ni l'instruction du 8 mars pour l'exécution de ce décret, n'avaient autorisé le sectionnement des colléges cantonaux. On inaugurait le suffrage universel et on ne se rendait pas compte, au premier abord, des difficultés qu'allait rencontrer son exercice. Bientôt elles se révélèrent et les inconvénients de certaines dispositions de la loi apparurent avec une évidence qui' défiait toute controverse. Les élections générales à la Constituante avaient réuni un assez grand nombre de votants;

mais depuis lors et surtout dans les campagnes, on avait vu aux scrutins partiels, diminuer dans la proportion la plus affligeante, le nombre des électeurs prenant part aux opérations des colléges. Le Gouvernement et l'opinion publique s'étaient vivement émus de cet état de choses et ce fut pour y remédier que la loi de 1849 autorisa la création de sections ; mais l'expédient était insuffisant ; on le reconnut bientôt et, longtemps avant les décrets de 1852, la translation du scrutin à la commune était considérée comme une mesure utile, nécessaire, comme un nonveau principe acquis au droit électoral.

VII

D'où vient que l'expérience de 1848 et de 1849 soit oubliée ? Nous savons que beaucoup de personnes ne voient dans la convocation des assemblées électorales au canton, qu'une manœuvre, habile, certes, autant que peu loyale, et dont l'objet serait précisément d'éloigner du scrutin les populations de la campagne. On neutraliserait ainsi leur action sur les affaires publiques, leurs suffrages se trouvant noyés dans ceux des villes. Si le but de la mesure est celui-ci, assurément c'est bien visé, et nous devons reconnaître que ce but a failli être atteint; mais comment prêter un tel calcul à un gouvernement qui se respecte et qui aspire à relever les âmes en même temps qu'à réparer nos ruines. Est-il possible d'admettre que la Députation de Paris, devenue Conseil souverain, se soit laissée solliciter par de tels mobiles? Nous préférons ne voir là qu'un retour presque fatal, machinal devrions-nous dire, à une législation qui a fait son temps et qui malheureusement figure encore dans les vieux bagages du parti républicain. Mieux vaut croire à une erreur qu'à une déloyauté ; et cependant, que de raisons de ne pas admettre une erreur ? Le but n'est-il pas trop visible pour qu'un doute s'élève sur la pensée ? Les gouvernements, à l'user, ne se retrouvent-ils pas pareils et ne nous donnent-ils pas l'un après l'autre un tout semblable spectacle ? C'est, dans chacun, le même dédain des droits de tous, la même confiance, par contre, dans sa propre infaillibilité et la même foi naïve dans ses lumières ; c'est toujours cette rage de faire prévaloir une forme gouvernementale qu'on prétend imposer à un peuple, parce qu'après deux ou trois évolutions — qui ne sont peut-être pas les dernières — on s'est arrêté à ce mode, et que, provisoirement, on le tient pour bon. Chaque parti qui arrive à son tour aux affaires se croit le droit et le devoir de traiter la France en écolière, en enfant, de l'endoctriner d'une certaine façon. Il n'a garde de la laisser libre de ses mouvements. S'il la débarrasse des langes qui l'emprisonnent, c'est pour l'emmailloter de plus belle. Il la garrotte à sa manière, voilà tout : elle n'en remue pas davantage.

Hélas ! la chose n'est-elle pas visible, trop visible ; n'est-il pas bien clair que ce sont ces idées-là dont vous vous inspiriez et que sans cesse une arrière-pensée de parti vous a dirigés. De cet effroyable chaos de mesures mal digérées, mal combinées, mal comprises de vous mêmes, rien ne restera, rien que la trace de vos préoccupations politiques contredisant sans cesse l'appel à cette union dont vous parliez tant et sans laquelle, en effet, était impossible l'œuvre de la Défense nationale. Personne ne s'y est trompé. Si on admirait d'un côté votre activité et votre énergie, on gémissait bientôt de les voir neutralisées, annihilées par des manœuvres aussi peu dignes de vous, de votre patriotique langage, de votre généreux caractère, du beau rôle que vous vous étiez donné et que vous eussiez pu remplir.

Vous vouliez la République ; vous la vouliez, non comme

nous, subordonnée à l'acceptation libre du Corps électoral :
vous la vouliez malgré le suffrage universel, que, pour cela,
vous avez tenté d'esquiver, et que, forcés enfin de lui demander son appui, vous avez cherché à mutiler. Pourquoi
n'avoir pas tenté de l'imposer, par la force, au lieu de
recourir à de semblables procédés? On apercevait trop
clairement vos visées pour pouvoir s'y méprendre; personne ne se laissait tromper au désintéressement de vos
discours; vos décrets étaient là pour commenter vos pa-
roles. Vous n'aviez donc point les bénéfices de votre mo-
dération apparente, du respect du vœu général; et vous
vous ôtiez le mérite de la franchise, si apprécié parmi
nous. Vous vouliez la République telle que vous l'aviez
conçue, conforme à un certain programme et avec une
Constitution dont il serait facile de dégager les éléments
de certains articles du *Bulletin de la République Fran-
çaise.*

VIII

Oui, la République est désirable; son établissement,
avec une forte organisation communale pour base, sera,
croyons-nous, un bienfait pour la France. Mais le moment
est-il arrivé? et si les trois quarts des citoyens la considè-
rent encore comme une menace, un incessant péril ou
une chimère, doit-on tenter de leur arracher, en faveur
d'un régime auquel nous sommes, du reste, peu préparés,
vous le confessez vous-mêmes, un vote contre lequel ils
protesteront demain, — ou les écarter systématiquement du
scrutin, alors que toutes sortes de facilités sont accordées à
leurs adversaires. Il faut que la République soit dans les cœurs,
dans les esprits, dans les mœurs, avant de passer dans la Loi.
Prématurément instaurée, elle n'aboutit qu'à donner l'essor

aux passions anti-sociales, aux ambitions injustifiées. Voilà pourquoi 1792 et 1848 ont avorté. La démagogie finit par triompher de cette organisation factice. Ce fut elle qui tua la République à Rome, elle qui, après les turpitudes de la dictature de Marius, après les proscriptions sanglantes de Sylla, jeta les maîtres du monde d'abord aux genoux de César, et, quelques années plus tard, aux pieds d'Octave.

— Réactionnaires, crie-t-on aux hommes qui veulent faire entendre les accents de la justice et du bon sens, au milieu de ces dangereuses ivresses! Il y a des moments où la liberté, la raison, la morale, la justice, parlent comme la réaction. C'est qu'alors celle-ci est dans le vrai. Voilà ce que n'a pas compris M. Gambetta. Il a péché par illusion, par fatal engouement de soi-même, comme M. Emile Olivier; mais, chez celui-ci, c'était la froide illusion de la suffisance; celui-là se laissait emporter à l'illusion ardente de l'enthousiasme et du patriotisme. Le dictateur de Bordeaux s'est enivré lui-même, sans s'apercevoir que la France n'avait pas en lui assez de confiance pour se laisser enivrer elle aussi. La France toute entière, sans distinction de partis, s'est instinctivement serrée autour d'un chef qu'elle n'avait pas choisi; elle l'a suivi sans croire à son génie, à son étoile. Chose remarquable, la province, qui n'avait pas été consultée le 4 septembre, n'a pas fait une tentative pour se soustraire à la dictature de Tours et de Bordeaux. Paris seul a essayé de défaire son œuvre et n'a réussi qu'à fournir une victoire plus facile à l'étranger.

Quant à M. Gambetta, l'histoire, à laquelle il appartient désormais, lui reprochera des fautes : il s'est figuré que des discours suffisaient à reconstituer des armées et qu'une inspiration d'aventure était préférable à l'expérience; il a contribué à affaiblir la discipline en confirmant les troupes dans leurs défiances à l'égard de leurs chefs; il a voulu tout diriger, tout dominer, être à la fois la tête et le cœur de la France, alors qu'il n'en était que l'imagination et l'enthousiasme; il a parfois manqué de sincérité; mais son patriotisme n'a pas eu de défaillance. Comme le consul Varron, après le désastre de Cannes, il n'a pas désespéré de la République. Ce sera, pour les contemporains, son excuse, et pour la postérité son honneur.

Nous n'en devons pas moins nous exprimer avec franchise sur des actes si peu conformes aux doctrines que vous professiez hier : — De quelles lumières supérieures vous supposiez-vous éclairé pour croire à votre opinion des droits prédominants au respect de vos compatriotes, et pour n'accorder, suivant une formule célèbre, la liberté que dans votre vérité? Et vous vous étonnez d'entendre parler de monarchies de droit divin et d'autorités proclamées infaillibles. Que s'arrogent-elles, au fond, à quoi vous ne prétendiez, ces autorités, que vous considérez comme d'incompréhensibles défroques du passé? A quelles conclusions arrivent-elles que n'amènent forcément les prémisses que vous admettez? Quelles garanties nous refusent-elles que vous nous accordiez? Pour nous, le spectacle de ces empiétements sur la liberté humaine commis par ceux-là même qui, la veille, affirmaient, avec de si beaux mots, le principe immuable de liberté, ne saurait être un sujet d'étonnement, car nous nous souvenons des exemples dont est remplie l'histoire. Mais, contre ceux qui proclament la supériorité absolue d'une forme gouvernementale en dehors de toute considération de temps, de pays et d'événements, une protestation est toujours utile. En politique, n'admettons aucun droit divin. La République, pas plus que la Monarchie, n'est une forme nécessaire de constitution. En cette matière, tout est contingent, tout est éphémère, tout est d'expédient et de circonstance. La société actuelle nous semble seule apte à juger de ses besoins et à décider de son sort. Au-dessus de toute aspiration doit se placer le consentement général, le suffrage universel, mais le suffrage éclairé, sincère, libre dans ses choix, réglé dans ses manifestations par une loi commune, large et précise à la fois, — entouré enfin de garanties qui ne permettent ni de l'éluder, ni de le vicier.

N'est-ce point l'éluder, que d'assigner à l'assemblée électorale le canton pour lieu de réunion ? N'est-ce point retrancher quelque chose de l'universalité du vote, de l'autorité de ses arrêts, diminuer le respect qui doit s'attacher au verdict du corps électoral en rendant ce verdict moins unanime.

IX

Mais voyons comment on s'y prend pour justifier cette translation et quelles considérations pourront faire valoir devant l'Assemblée, à l'appui de leur thèse, les partisans du système rajeuni par les décrets du Gouvernement du 4 septembre. En dehors de plaisanteries d'un goût douteux lorsque de tels intérêts sont en jeu, en dehors de la circulaire cavalière de M. Laurier, qui se bornait à réfuter les réclamations des partisans du vote à la commune, par un impudent : *Nous connaissons cela !* nous avouons ne pas trouver d'autres arguments que ceux apportés à la tribune de l'Assemblée nationale par M. Dufaure, lors de la discussion de la Constitution. Ces arguments se résument à ceci :

1º « Le vote à la commune éteint d'une manière absolue la communication des pensées entre les électeurs. » Ce sont les termes mêmes dans lesquels l'objection a été formulée ;

2º Avec l'assemblée à la commune, impossibilité d'avoir des élections régulières au point de vue des opérations matérielles du scrutin.

Nous nous demandons d'abord ce que veut dire au

juste la première objection. Nous lisons bien les mots, mais il faut en dégager la substance, la pensée. Qu'entendait par là l'honorable représentant? Qu'est-ce au juste que cette communication de pensées? Nous croyons comprendre. — Il y a une chose certaine, évidente et qu'on ne saurait se refuser à reconnaître, c'est que les électeurs des communes n'auront aucune influence sur le vote des électeurs du canton et que la pression de ces derniers, que mille circonstances extérieures, que des faits matériels même pourront modifier, dans une certaine mesure, le vote des campagnards. Quand le paysan aura quitté sa commune, quand, loin de son centre habituel, il sera circonvenu par des agents électoraux, il n'y aura plus communication entre deux pensées, mélange de deux éléments, mais action d'un milieu sur un individu qui y est étranger, qui s'y trouve isolé, dépaysé; l'équilibre sera rompu et le privilége que l'éloignement de l'électeur campagnard crée déjà au profit de l'électeur de la ville s'accroîtra de toute la supériorité que donne à celui-ci sur celui-là l'isolement du paysan. Ou bien cela sera ainsi, ou bien vous verrez les habitants des villages venir voter en troupeaux sous l'œil du maire, du curé, du propriétaire, du créancier, c'est-à-dire que vous aurez augmenté le mal que vous prétendiez couper dans sa racine. Dans tous les cas, vous aurez fait deux catégories d'électeurs. Vous aurez défiguré doublement le vote : vous aurez éludé et vicié à la fois le suffrage universel.

Assurément il est nécessaire que tout électeur vote dans sa plénitude de sa liberté, et nous ne disconvenons pas qu'en transportant le scrutin loin de la surveillance officielle des maires et des gardes champêtres, on n'arrive peu à peu à neutraliser ou à corriger certaines influences; mais ne sera-ce pas pour en substituer d'autres à celles-ci? Pour s'exercer moins naïvement, ces nouvelles influences n'en seront pas moins redoutables, et elles fausseront tout aussi bien le vote. Et puis, il sera plus facile à un candidat peu scrupuleux d'agir au canton que de disséminer ses moyens d'action dans dix ou douze communes. Il pourra disposer là de ressorts plus sûrs. Enfin, une erreur, une fraude dans le scrutin aura, au canton, de bien plus graves conséquences.

D'un autre côté, pour ce qui a trait à l'action des maires, en admettant même qu'ils conservent sous la nouvelle législation le rôle important qui leur est dévolu par les lois actuelles, les temps ne sont-ils pas changés? Bien que la loi du 5 mai 1855 n'ait pas été abrogée, beaucoup de communes ont élu leurs maires et il est à souhaiter que la fièvre d'autorité dont se sentaient travaillés nos gouvernants, étant tombée, les commissions municipales instituées par la République, en vue sans doute de donner aux citoyens des leçons de respect pour le suffrage universel, cèdent la place à des administrations régulières, issues du libre choix des habitants ou du conseil municipal. Elues dans ces conditions, un préfet ne pourra pas attendre d'elles la même docilité, la même souplesse, le même zèle, le même *dévouement*—c'était le mot usité naguère — que des maires et adjoints nommés par lui, révocables sur sa proposition. La très-juste et très-morale mesure qui réserve comme récompense aux faits de guerre la croix de la Légion d'honneur, a enlevé aussi aux préfets un de leurs plus puissants moyens d'action sur leurs collaborateurs. La croix redevînt-elle ce qu'elle fut un moment : le prix de toute espèce de services et l'appoint de douteuses transactions, un magistrat élu aurait plus de retenue dans son zèle : à défaut de pudeur et de dignité, la crainte de s'aliéner ses électeurs pourrait l'arrêter.

L'élection des maires serait, nous le répétons, la plus sérieuse garantie de la liberté et de la sincérité du suffrage universel. Nous espérons, pour notre part, que, dans un très-prochain avenir, cette garantie sera consacrée par la loi.

X

Si la première objection formulée par M. Dufaure contre le vote à la commune nous semble loin d'être concluante, si nous y retrouvons la trace d'une arrière-pensée de parti, la seconde, au contraire, est très-sérieuse et sa gravité ne saurait être méconnue de personne.

Nous sommes absolument hostiles, et nous avons dit pourquoi, à la translation du scrutin au chef-lieu de canton ; mais le vote à la commune appelle une réforme : il a besoin d'être encouragé, moralisé et régularisé.

On l'encouragera en laissant le scrutin à la portée de tous, en se gardant de créer des catégories d'électeurs, en faisant que l'exercice des droits politiques ne soit pas acheté par de trop lourds sacrifices, en ne multipliant pas sans nécessité les réunions des colléges électoraux.

On moralisera le scrutin par de bons exemples, de bonnes lois, par une application rigoureuse des dispositions pénales qui répriment toute atteinte à la loyauté du vote, par une juste sévérité dans l'examen des élections contestées, par le respect le plus complet de la liberté des citoyens, par une sincérité et une réserve absolues de la part des autorités. L'instruction, se répandant, sera pour beaucoup dans l'amélioration de nos mœurs électorales, et les sacrifices que s'imposera l'Etat, en vue de pourvoir largement à sa distribution dans les campagnes, ne seront pas perdus pour les générations futures d'électeurs : c'est dans son école que l'instituteur doit préparer les scrutins, et non sur la place publique, en commentant les lettres de la Bellanger ou l'état des dettes des Murat. Mieux vaudrait encore le cabaret.

La réforme désirée ne pourra pas s'opérer en un jour ; mais il est dès à présent possible d'avancer sin-

gulièrement la tâche en s'attaquant à un genre d'abus
auquel il doit être immédiatement porté remède. Il faut
assurer, autant que possible, la régularité des opérations.
En obtenant ce point, on aura fait beaucoup pour la moralisation du scrutin.

En effet, c'est en négligeant les garanties tutélaires de la
loi et en passant trop facilement sur les formalités, qu'on
a laissé s'introduire dans les élections tous ces désordres
qu'il est temps d'arrêter. Qui n'a constaté par soi-même le
sans-façon avec lequel on traitait, dans les campagnes, les
précautions les plus essentielles prescrites par la loi pour
sauvegarder l'intégrité du vote. Ici une soupière célèbre
remplissait l'office d'urne électorale ; là un certain magistrat, devenu légendaire dans l'arrondissement, faisait voter
les électeurs dans son bonnet de coton ; ailleurs, on levait
la main pour le candidat de l'administration. Partout il y
avait un dédain prononcé de toute formalité : c'était ignorance ou insouciance chez beaucoup ; chez quelques-uns,
chez un trop grand nombre, c'était calcul et coupable
habileté.

En mettant à part ces infractions intéressées, justicia-
bles des tribunaux correctionnels, il est certain que, jus-
qu'au jour où l'instruction aura, pied à pied, conquis
nos campagnes, la composition des bureaux électoraux
offrira des difficultés dans les très-petites communes. Il
ne faudrait pourtant pas exagérer la portée de cet argu-
ment et porter atteinte, pour éviter un inconvénient
grave il est vrai, mais non irrémédiable, aux droits de la
grande majorité du corps électoral.

En fait, il faut bien dire que l'inconvénient dont il
s'agit ne se produit, sauf de très-rares exceptions, que
dans les communes de peu d'importance. Dans celles de
100, 200, 300 âmes, il peut arriver que le défaut général d'instruction s'oppose à la composition d'un bureau
capable de procéder aux opérations avec le soin néces-

saire, ou que les électeurs ne soient pas en mesure de contrôler les actes du bureau. A l'égard de ces communes, il y aurait, croyons-nous, une mesure spéciale à prendre, et une disposition nouvelle à introduire dans la loi.

On pourrait rattacher exceptionnellement ces communes au collége d'une commune voisine. Le Conseil général, après avis des conseils municipaux, statuerait sans appel.

Mais il y aurait là une dérogation au principe du vote à la commune et ce principe est de ceux qui semblent difficilement comporter des exceptions. Il conviendrait de chercher un autre moyen de parer aux inconvénients dont nous nous occupions tout à l'heure et nous ne trouvons que celui-ci :

Dans toutes les communes où la population serait inférieure à 400 habitants, ou dont le chef-lieu n'en compterait pas 150 au moins, un délégué, pris dans le Conseil municipal du chef-lieu de canton ou désigné par cette assemblée hors de son sein, viendrait veiller à la régularité des opérations électorales. Il devrait assister à l'ouverture du scrutin et ne partir qu'après le dépouillement des votes. Soit qu'il présidât le collége, soit qu'il eût simplement la mission de contrôler ses actes, il rappellerait les prescriptions de la loi, si elles étaient négligées. Il indiquerait à l'électeur ses droits, au bureau ses devoirs. Il consignerait ses observations au procès-verbal, qui, au cas où aucun incident n'aurait signalé la réunion, devrait porter la mention expresse, signée de lui, qu' aucune irrégularité, aucun fait de pression n'a, à sa connaissance, entaché le scrutin. Enfin, à lui appartiendrait le droit, réservé aux préfets par la législation de 1849 et de 1852, de provoquer d'office, en saisissant directement le Conseil de préfecture, la révision des opérations électorales et, s'il y avait lieu, leur annulation.

Le délégué devrait n'être pas inscrit au rôle des contributions dans la commune où il serait envoyé, et on pour-

rait exiger de lui des garanties spéciales : certaines conditions d'âge, tout au moins. L'acceptation et l'exercice du
mandat de délégué serait obligatoire. Cette obligation
aurait pour sanction une pénalité analogue à celle édictée
contre le citoyen qui, désigné pour être juré, refuse ou
néglige d'en remplir les devoirs.

Nous signalons cette combinaison comme étant la seule
de nature à amener le résultat désiré. Nous ne disconvenons
pas, toutefois, que l'application d'une telle mesure présen-
terait une difficulté sérieuse en ce qui a trait à l'exercice,
par les délégués, de leurs droits politiques ; mais on peut
remarquer que, ne sortant pas de leur canton, ils pour-
raient sans inconvénients être admis à prendre part aux
scrutins généraux ou départementaux dans la commune
où ils se trouveraient le jour du vote. Pour les élections
municipales, la difficulté serait plus grande : toutefois,
il ne serait peut-être pas impossible de sauvegarder les
droits de ces citoyens par une disposition spéciale de la
loi.

XI

Au moment où les législateurs de 1848 résolurent de
rendre au pays le suffrage universel, ils durent être solli-
cités en faveur du rétablissement du vote à deux degrés
par les considérations les plus graves et les plus pressantes.
La multiplicité des assemblées et le grand nombre des
électeurs n'amèneraient-ils pas une regrettable confusion
dans les opérations des colléges? La plupart des citoyens
ne voteraient-ils pas sans réflexion suffisante, sans connaissance des candidats. Le suffrage ne serait-il pas souvent
surpris ou donné au hasard? Sur cette foule impres-
sionnable, les passions politiques, les enthousiasmes irré-

fléchis, les manœuvres de la dernière heure n'auraient-ils pas une action trop assurée, et, à défaut de lumières suffisantes, le bon sens du corps électoral le défendrait-il toujours contre certains engouements? Ces objections se présentèrent certainement à l'esprit des membres du Gouvernement provisoire ; mais elles ne purent vaincre des préventions étroites, le désir peu raisonné d'avoir, dans l'assemblée, une émanation directe de la France électorale toute entière, et l'espoir chimérique de rendre par là plus intime la communion d'idées entre la représentation nationale et le peuple, plus inattaquables les votes des députés, plus immédiate leur action. Il faut avouer aussi que le scrutin à deux degrés offre à l'esprit ombrageux je ne sais quelle apparence d'inégalité, quel semblant d'aristocratie. On pensa qu'il serait mal accueilli par l'opinion publique. Il fut en conséquence décidé que le suffrage serait universel et direct; le décret du 5 mars inaugura dans la législation la formule du nouveau dogme et peu après la Constitution la reproduisit.

Cependant, outre les raisons que nous avons indiquées plus haut, d'autres motifs bien puissants militaient en faveur du vote à deux degrés : celui-ci était dans les traditions du pays, et surtout dans les traditions républicaines, ce qui semblait devoir lui assurer la préférence. Adopté pour l'élection des députés du Tiers aux États généraux, comme conforme aux usages de cet ordre, il était pris par la Constitution du 3 novembre 1791, pour principal ressort du nouveau mécanisme gouvernemental. Tous les citoyens nommaient dans les assemblées primaires, dont la tenue était fixée au premier dimanche de mars, des électeurs chargés de choisir les mandataires définitifs de la nation.

L'élection directe, inaugurée par la Constitution de 1793, dont les auteurs s'étaient inspirés des usages de l'Angleterre, ne fut pas longtemps en vigueur et le suffrage à deux degrés fut rétabli par la Constitution du 5 fructidor an III, qui — disposition assez remarquable, — confiait même le choix des maires et des adjoints des communes de plus de 5,000 âmes, aux électeurs du second degré. La Constitution très-compliquée du 22 frimaire an VIII, assez bizarre application du système décimal à nos institutions politiques, modifia, sans toutefois recourir au vote direct, le mécanisme électoral, que ne changea pas le sénatus-consulte du 16 thermidor an XI. En 1817, seulement, la loi du 5 février rejeta le suffrage à deux degrés; mais celui-ci reparut, et ne fut définitivement effacé de notre législation, en matière politique, que par la loi du 19 avril 1831. Celle-ci consacra le vote direct; mais les conditions très-étroites qu'elle mettait à la jouissance des droits politiques et par suite le nombre extrêmement restreint des électeurs, rendait sans objet un dédoublement du corps électoral.

En 1848, comme nous l'avons dit, les membres du Gouvernement provisoire et, quelques mois après ceux-ci, l'Assemblée constituante, eurent à examiner cette question du retour à l'ancien système électoral; le suffrage à deux degrés ne paraît pas avoir, à cette époque, rencontré beaucoup de partisans. Toutefois, repoussé encore une fois de nos institutions politiques, il semble, depuis quelques années, se relever dans l'opinion. On a réclamé, aux dernières heures de l'Empire, l'élection des maires et des adjoints par les conseils municipaux; en fait, le Gouvernement de la Défense a autorisé cette pratique dans beaucoup de communes, bien que les conseillers n'aient reçu ni de la loi, ni de leurs commettants, mandat à cet effet. Nous avons, du reste, dans la législation régulière en vigueur, un assez remarquable exemple de l'application du suffrage à deux degrés; c'est dans la loi du 13 juin 1851, sur la garde nationale, que nous le trouvons. Tandis que les capitaines, lieutenants et sous-lieutenants sont directement élus par les hommes de chaque compagnie, les officiers supérieurs sont nommés par les officiers subalternes, réunis à un nombre égal de délégués choisis par les gardes nationaux.

XII

Si c'était chose jugée que l'incapacité de la majorité des citoyens à participer directement au choix de leurs mandataires, le rétablissement du suffrage à deux degrés dans les élections politiques serait le moyen le plus loyal et le plus radical à la fois d'enlever à cette portion du peuple ce qu'il peut y avoir de trop précis dans son intervention, tout en respectant ses droits et en maintenant au corps électoral tout entier son influence sur l'ensemble des affaires. Ce retour à un système qu'on a trop légèrement condamné, offrirait toutes les garanties qui manquent au suffrage direct. Une plus grande part serait faite à l'intelligence dans les choix définitifs et on ne pourrait adresser à la constitution de la France nouvelle la critique formulée jadis contre celle d'Athènes qui, laissant, disait le Scythe Anacharsis, la délibération aux Sages, remettait la décision aux fous ou aux sots : le mot grec signifie l'un et l'autre.

Le vote à deux degrés nous semble, à vrai dire, la forme du suffrage universel la mieux appropriée à la période de transition que nous traversons en ce moment. Un état social plus avancé rendra préférable le vote direct ; mais si ce dernier système est celui de l'avenir, le premier répond d'une manière aussi satisfaisante que possible aux besoins et aux faiblesses du présent. Loin d'être, comme on l'a prétendu, la négation du suffrage universel, il en assure au contraire l'expression réfléchie, consciente, indépendante, éclairée. Ce système n'est inconciliable avec aucun des grands principes inscrits au fronton du majestueux édifice de nos lois. Adopté par les hommes de 1791, qui ont eu la gloire de proclamer ces impérissables principes, il est conforme aux traditions républicaines. La raison l'indique ; la liberté l'admet ; il ne répugne pas à l'égalité ; une saine politique ne saurait le répudier. Quoi de plus démocratique, en effet, et de plus sensé à la fois que cette ingénieuse combinaison. Pour point de départ elle a la base des institutions humaines : la volonté de tous, et elle arrive au choix des mandataires, à l'élection définitive, en corrigeant ce qu'il y a d'incohérent, de confus, d'irréfléchi, de trop spontané dans le vote de la masse. Sans désintéresser les citoyens de la vie politique, sans les priver de leur droit de direction générale sur des affaires de l'Etat, elle évite à la société ces agitations stériles qui précèdent et suivent chaque scrutin, et au corps électoral, ces secousses inattendues et ces dérangements incessants qui, finissant par le lasser, de l'abstention accidentelle l'amènent peu à peu à l'abstention d'habitude.

Qu'une fois chaque année, à une époque fixée par la loi, le peuple choisisse ses mandataires électoraux. Les électeurs du premier degré, les *citoyens actifs*, comme on disait autrefois, pourront tous, à ce scrutin, voter en connaissance de cause. Appelés à nommer des voisins, des habitants de la commune, en relations quotidiennes avec eux, ils jugeront les hommes, compareront les candidatures, pèseront les garanties qu'offre chacune, se rendront compte de la valeur des mandataires et sauront à quelle moralité, à quels principes politiques, à quel caractère, à quelle personne en un mot ils donnent leur suffrage. La surprise sera difficile et il ne saura se produire d'erreur. Quant à la régularité matérielle des opérations dans ces premiers comices, nous avons indiqué déjà le moyen le plus simple et le plus pratique, à notre avis, d'y pourvoir.

Les électeurs du second degré, de leur côté, moins nombreux, plus instruits en général, plus capables de discernement, mieux à l'abri des pièges et des tentations grossières, soustraits aux grands mouvements qui soulèvent les foules, à ces élans où l'imagination et le sentiment se substituent à la raison, pourront, après un plus mûr examen, émettre un vote d'une toute autre valeur que le bulletin glissé dans la main du citoyen ignorant par un distributeur hardi, ou dicté par l'émotion fébrile d'une âme où retentit encore la vibrante parole d'un tribun.

Au fond, l'adoption du système n'aura pas pour effet de changer la force respective des partis; le scrutin à deux degrés n'exercera pas d'influence directe sur la forme du gouvernement. La proportion des députés représentant les diverses fractions bien tranchées de l'opinion restera la même. Cela est si vrai, qu'aux Etats-Unis, où le suffrage à deux degrés fonctionne pour la nomination des sénateurs, les journaux annoncent d'avance, d'après les résultats du premier scrutin et le nom des électeurs désignés, combien de membres comptera chaque parti au sein de l'assemblée. Mais si la représentation numérique des divers partis n'est point modifiée par l'application de ce système, le choix des personnes sera tout autre, et la dignité de l'assemblée, l'autorité des débats, la portée des discussions, y gagneront. Il ne se produira plus ce triste spectacle, trop souvent observé dans ces derniers temps, d'électeurs donnant un mandat sans limites pour la gestion des affaires publiques, à un homme auquel chacun d'eux, pris individuellement, refuserait de confier le soin de ses intérêts privés.

Concluons : Le rétablissement du vote à deux degrés serait la meilleure réforme à opérer dans notre législation électorale. Cette réforme nous paraît justifiée par les plus fortes considérations. L'Assemblée nationale sortie des urnes du 8 février, profitera-t-elle de la situation unique qui lui est faite par nos revers, pour réaliser cette évolution capitale dans la pratique du suffrage universel? Nous en doutons; mais nous n'en désespérons pas.

Lyon. — Imprimerie Alf. Louis Perrin et Marinet.

www.ingramcontent.com/pod-product-compliance
Lightning Source LLC
Chambersburg PA
CBHW061338050726
47595CB00005B/1984